AF460746

ÉLOGE

DE

M. FERDINAND HERVÉ-BAZIN

ÉLOGE

DE

M. FERDINAND HERVÉ-BAZIN

Professeur d'Économie politique

AUX FACULTÉS CATHOLIQUES D'ANGERS

PRONONCÉ APRÈS SON SERVICE FUNÈBRE

AU PALAIS DE L'UNIVERSITÉ

Le 28 Janvier 1889

PAR M. GAVOUYÈRE

Doyen de la Faculté de Droit

ANGERS

IMPRIMERIE-LIBRAIRIE GERMAIN & G. GRASSIN

RUE SAINT-LAUD

—

1889

Monseigneur,

Messieurs,

L'Université catholique d'Angers vient d'entrer dans sa quatorzième année seulement, et déjà plusieurs ont disparu de ceux qui, au premier jour, occupaient les chaires de ses Facultés nouvelles. L'abbé Léon Bellanger, Henri Hermitte, Bennechet, Léon Boré, Tarnier, l'abbé Lézat, mort doyen de la Faculté catholique des lettres de Toulouse, Loir Mongazon, que de noms inscrits à notre nécrologe!

Aux uns Dieu avait donné cette joie de consacrer à l'Église les derniers jours d'une carrière honorée, et d'apporter à ses Facultés renaissantes, avec un nom connu dans le monde des

*

lettres et des sciences, le précieux concours d'une expérience consommée. Pour les autres, la voie s'était ouverte au printemps de leur vie ; fiers de donner leur concours à une œuvre dont leur foi mesurait l'importance et la grandeur, ils lui prodiguaient les saints enthousiasmes d'une âme sacerdotale ou l'indomptable énergie que l'ancien élève de Saint Clément, le lieutenant de l'armée de Metz, devait mettre à poursuivre ses études et ses recherches géologiques pour élever sans délai l'enseignement catholique à la hauteur de celui de l'État. Ils n'ont fait que passer au milieu de nous : leur enseignement, sans doute, a jeté un vif éclat, mais le temps leur a manqué pour réaliser pleinement la prédiction élogieuse qu'un juge compétent adressait à l'un d'eux : « Vous êtes, Monsieur, de ces hommes « dont les travaux honoreront la France « savante. »

La Faculté de Droit avait vu avec peine s'éloigner deux de ses membres, mais elle n'avait pas encore connu ces deuils suprêmes, et vous venez de prier avec nous pour le premier de nos morts. Il a plu à Dieu de choisir un ouvrier de la première heure et de l'appeler à recevoir la récompense promise à ceux qui ont, avant tout, aimé la justice, et qui, non contents d'en faire la règle constante de leur vie intime, ont accepté de l'Église la charge d'enseigner les droits de Dieu à une nation qui les a niés ou méconnus, et travaillé par des œuvres d'une haute portée sociale à rendre, sous une forme nouvelle, à notre société malade les biens anciens de la civilisation chrétienne.

Ferdinand-Jacques Hervé est né, le 14 juin 1847, au petit manoir de Rousson, dans la commune de Brain-sur-l'Authion. Son père, né de propriétaires aisés, avait augmenté le bien qu'il tenait d'eux par les légitimes profits que tant de riverains de la Loire ont dû, à cette époque, à la réputation méritée des graines de leur fertile vallée. Lorsqu'il le perdit, notre ami n'avait que huit ans ; il restait à lui et à son frère plus jeune une mère intelligente et foncièrement chrétienne dont les pieux exemples et les conseils devaient développer ses heureuses qualités. A dix-sept ans, quand elle lui manqua à son tour, l'adolescent marchait déjà d'un pas assuré dans la voie dont il ne devait jamais s'écarter.

C'est au lycée d'Angers, où il était entré après avoir achevé ses études primaires, que nous le trouvons à cette époque. Élève studieux et apprécié de ses maîtres, il a près de ses camarades la réputation d'un esprit sage et réfléchi, un cœur droit et bon, un caractère aimable et gai lui gagnent les plus solides amitiés. Avant tout il se montre fermement attaché à sa foi et aux pratiques religieuses qui sont la meilleure sauvegarde des mœurs. Le milieu n'est cependant pas absolument favorable : il s'y trouve, c'est vrai, des professeurs qui ne craignent ni de se dire chrétiens ni de vivre comme tels. Parfois le proviseur est de ces hommes qui supportent avec peine la présence de l'aumônier, qui limitent le plus possible ses relations avec les élèves, et le taxent au besoin de polémiste intempestif si, pendant le carême, il a insisté sur l'accomplissement du devoir pascal, au lieu de s'en tenir aux touchantes paraboles et à la belle morale de l'Évangile. Soutenu par un prêtre zélé, fidèle aux leçons de sa pieuse mère, Hervé fait son devoir, il le fait tout entier, il le fait modestement et sans bruit. Et c'est il y a quelques mois à peine, que l'ancien aumônier apprenait de sa bouche un trait où se montre bien la fermeté du jeune chrétien.

Un jour, c'était pendant la dernière année que M. l'abbé Chevalier passait au lycée, Hervé est chargé de complimenter Mgr Angebault qui devait venir donner la confirmation : tout naturellement il insère dans sa petite harangue quelques mots de reconnaissance à l'adresse de l'aumônier, tout naturellement aussi le proviseur, à qui le discours est soumis, fronce les sourcils à la lecture de ce passage et dit d'un ton rogue : « Supprimez cela. » Hervé rature, se retire et ne dit mot de l'incident. Le grand jour de la visite épiscopale venu, la fameuse phrase était rétablie dans le compliment. Le proviseur se mordit vigoureusement les lèvres, la présence du prélat retint quelque apostrophe peu académique.

Reçu bachelier ès-lettres en juillet 1865, Hervé prit au mois de novembre suivant sa première inscription de droit à la Faculté de Paris ; mais il resta à Angers, pour suivre les cours de mathématiques élémentaires du Lycée, et conquérir en juillet 1866 le diplôme de bachelier ès-sciences.

Soit à la pension de Marquier où il était interne, soit pendant les courts séjours qu'il fit à Paris à l'époque des inscriptions trimestrielles, il avait noué avec quelques jeunes Angevins, étudiants comme lui, des relations qui se continuèrent et s'étendirent lorsqu'à la fin de l'année 1866, il alla s'établir à Paris pour y faire, dans de meilleures conditions de travail, ses deux dernières années de licence.

L'étudiant garda ses habitudes laborieuses du lycée. Persuadé, écrit un de ses amis, que la fréquentation des cours était la façon la plus profitable et la plus agréable à la fois d'apprendre le droit, il les suivit avec une assiduité exemplaire : une majorité notable de boules blanches à ses divers examens, une deuxième mention, en droit romain, au concours pour le prix Beaumont, furent la récompense d'un travail persévérant et bien dirigé. En même temps le chrétien entretenait sa piété par l'assistance à la messe aussi fréquente que les cours le lui permettaient ; et dans la Société de Saint-Vincent-de-Paul, mère et source des œuvres d'aujourd'hui, il s'initiait aux problèmes que pose la misère des classes ouvrières, problèmes dont plus tard il devait poursuivre avec tant de zèle la solution pratique. Le Cercle catholique du Luxembourg, enfin, offrait à ses loisirs les plus agréables distractions.

A ses réunions nombreuses, il préférait cependant les soirées intimes, sérieuses et enjouées a la fois où, tantôt chez l'un tantôt chez l'autre, souvent dans l'hospitalière demeure de Victor Pavie, nos étudiants trouvaient pleine satisfaction pour leurs goûts littéraires et artistiques. On causait, on riait, on faisait de la musique ; une fois chaque semaine, la réunion prenait le caractère d'une vraie conférence d'étude : l'un des amis lisait un travail de critique littéraire dont les conclusions étaient ensuite discutées dans une conversation simple et pleine d'entrain. Les talents littéraires de Loir Mongazon y étaient particulièrement goûtés. Les autres : Georges Pavie, Lelong, Sicot, Bénard, Soudee, Bodinier, vous les avez vus accourir à la fatale nouvelle, attestant par leurs larmes que le temps et l'éloignement n'avaient point affaibli le charmant souvenir de ces bonnes années. Devant la tombe entr'ouverte la voix émue de l'un d'eux s'est élevée, traduisant les regrets communs, disant combien Hervé comprenait les charmes et les devoirs de l'amitié, rappelant l'aménité inaltérable de son caractère, la sûreté de ses relations, sa fidélité au souvenir.

Entre professeurs d'une Faculté catholique il y a unité de doctrine, que dis-je, il y a la foi aux mêmes dogmes affirmée solennellement au pied des autels, il y a aussi communauté d'efforts qui ne tendent pas seulement à la prospérité d'une institution humaine, mais dont l'objet propre est de donner aux jeunes gens une science qui par sa conformité aux enseignements de l'Église, les prépare mieux à remplir utilement les charges publiques. Cette union des esprits facilite singulièrement les relations les plus cordiales et une fraternelle intimité. Nous n'avons pu passer avec Hervé ces treize années, partageant les mêmes espérances, sans goûter à notre tour le charme des qualités heureuses dont ses amis de Paris ont avant nous connu l'inestimable prix.

Étrangers pour la plupart au pays où

nous appelait votre grand évêque, nous ne pouvons oublier les prévenances dont Hervé entoura ses collègues inconnus ; nous nous rappelons avec reconnaissance les attentions délicates par lesquelles il s'ingéniait à nous rendre moins pénible l'éloignement du pays natal, et cet isolement relatif auquel, dans une ville si hospitalière, nous condamnait le souci des devoirs les plus sérieux. Dans ces dernières années, sa retraite à Marans, où il passait la plus grande partie de l'année, les occupations de toute sorte qui dévoraient son temps avaient rendu nos relations moins constantes et nos entretiens moins fréquents ; mais comme il se montrait heureux de nous recevoir en famille à son cher Patys, ou de nous réunir dans ces soirées charmantes dont la dernière, hélas, remonte à un mois à peine.

Notre futur collègue aspirait au grade de docteur : des facilités plus grandes pour la préparation de ses examens, ses excellentes relations, les satisfactions sans nombre offertes à son goût de la musique et des lettres semblaient devoir le retenir à Paris ; un sentiment plus doux et plus fort le rappelait à Angers. Il y revient s'inscrire comme stagiaire, et se marie le 9 août 1869.

Par son mariage il entrait dans une des familles les plus justement considérées de la bourgeoisie angevine. Le père de Mlle Bazin était juge au tribunal de commerce ; son grand père maternel M. Meauzé avait présidé avec distinction ce même tribunal, et il avait en outre occupé les fonctions d'adjoint au maire de la ville d'Angers. Par sa femme enfin M. Meauzé se rattachait à un ancien membre du Conseil secret de Louis XVI au 10 août, François Chéron, dont en 1882, notre collègue a publié les *Mémoires et Récits*.

Aujourd'hui, Madame, vous pleurez l'ami sûr, le compagnon fidèle de votre jeunesse ; avec vous pleurent les vôtres si justement fiers de ce frère aîné dont les conseils et les exemples étaient doux à suivre ; combien d'amis, d'étrangers même ont mêlé leurs larmes aux vôtres en regardant serrés autour de vous ces fils et ces filles qui, suivant la promesse faite à l'homme qui craint Dieu et marche dans ses voies, croissaient autour de votre table, comme les gracieux rejetons de l'olivier? — Mais vous ne pleurez pas comme ceux qui n'ont pas d'espérance; vous savez que Dieu est pour les orphelins le meilleur des pères et le plus puissant des protecteurs, et vous ne songez pas à lui demander pourquoi il a ravi à vos enfants le guide éclairé qui les aimait tant. Le souvenir des vingt années qui donnèrent à votre esprit et à votre cœur tant de nobles et douces jouissances, nourrit et ravive à chaque instant vos cuisants regrets; mais vous conservez pieusement dans votre cœur, et vous les redirez plus tard à vos fils trop jeunes, les éloges qu'à l'heure suprême tant de voix autorisées ont rendus aux œuvres de votre mari, les témoignages de sympathie et de reconnaissance que ceux pour qui il se dévouait ont apportés à vous et aux vôtres. Vous pouvez à bon droit vous sentir fière d'avoir été la compagne d'un chrétien si généreux ; laissez-moi vous dire qu'en priant Dieu pour tout ce qu'il aimait, il le remerciait de lui avoir donné dans son apostolat comme dans sa vie de famille, une aide en tout semblable à lui.

Tout en préparant ses examens de doctorat, Hervé-Bazin, inscrit au stage puis au tableau des avocats près la cour d'Angers, plaidait devant les diverses juridictions, avec quelque succès, mais sans néanmoins laisser deviner à ses amis le talent de parole qui devait plus tard en faire un conférencier renommé. Il travaillait aussi chez un avoué dont il se proposait d'acheter l'étude. Entre temps il commençait, en collaboration avec un de ses confrères M. Gasté, une série d'études historiques et techniques sur les *Grandes Industries de l'Anjou*. Un certain nombre de livraisons parurent ; la difficulté d'obtenir des renseignements sur les procédés suivis dans les usines arrêta la publication.

En 1873, Hervé-Bazin soutint avec succès sa thèse de doctorat sur *la Révocation des Donations*, et obtint le diplôme qui, deux ans plus tard, lui permettait d'occuper la chaire de Procédure à la Faculté catholique de droit d'Angers.

J'ai dit qu'en appelant à lui notre cher collègue, Dieu avait sans doute voulu récompenser un ouvrier de la première heure ; il l'était bien, en effet. Dans un recueil, qu'il avait appelé le *Livre d'Or de l'Université catholique d'Angers*, Hervé-Bazin nous a raconté les travaux qui ont préparé la création de ce grand établissement et conservé les documents qui se rattachent à la fondation de la Faculté de Droit. Il y faut combler une lacune. Notre ami eut l'honneur d'être appelé par Mgr Freppel dans la commission chargée d'étudier l'organisation de cette Faculté, il présenta un rapport très remarqué, indiquant notamment les additions importantes qui devaient être faites au programme de l'enseignement officiel.

Il avait nettement défini la mission d'une faculté catholique de droit ; il ne comprenait pas moins bien les devoirs qu'elle impose au professeur. Voici ce qu'il écrivait, il y a deux ans, à l'un de nos anciens élèves, appelé à devenir notre collègue : « Il y a beaucoup à « faire à l'Université d'Angers, et à « plusieurs points de vue. Un profes- « seur de Faculté catholique n'a pas « fait tout son devoir ni accompli toute « sa mission quand il a terminé son « cours. Il faut encore qu'il s'occupe le « plus possible des étudiants, se rap- « proche d'eux, les stimule, les prépare « moralement et matériellement à pas- « ser des examens, fasse, en un mot, « leur éducation scolaire après leur « instruction. C'est là le grand but des « œuvres de l'Église : *Faire des « hommes.* »

Il fut toujours fidèle à ce programme, et ses élèves n'ont oublié ni le zèle qu'il apportait aux conférences destinées à assurer le succès des examens, ni le soin qu'il prit plus tard de comp[illegible] par des vi[illegible] et us[illegible], les théories é[illegible]ques si brillamment exposées en chaire.

Un décret du 26 mars 1877 avait introduit, en effet, l'économie politique dans le programme de la deuxième année des études juridiques. De bons esprits pouvaient critiquer l'innovation, personne ne se méprit sur son importance. L'économie politique est la science de l'utile. A quoi ne peut aboutir la recherche des conditions du bien-être public et privé, si elle n'est contenue et réglée par la justice ? Que d'utopies et d'erreurs enseignées sous le nom de lois économiques, et dont une phraséologie brillante ne permet pas de voir les conséquences désastreuses ? Sans avoir fait jusque-là une étude approfondie des questions redoutables que pose la lutte pour l'existence, Hervé-Bazin y avait toujours porté un vif intérêt ; il savait où trouver, dans ce nouveau travail, une direction sûre, et confiant dans sa résolution de s'attacher fermement aux enseignements de l'Église, il prenait, au mois de novembre 1878, possession de la chaire.

Hervé-Bazin fut promptement maître de son sujet et, dès le mois de septembre 1879, il publia un *Traité élémentaire d'Économie politique* qui fut aussitôt traduit en espagnol par un professeur de l'Université de Barcelone, et dont une seconde édition a paru en 1885. L'auteur voulait donner aux étudiants, avec des principes conformes à la foi fondamentale écrite par Dieu dans le décalogue, un exposé clair et méthodique des doctrines et des lois dont la connaissance leur devenait indispensable : il a pleinement réussi. A la suite de Le Play et de Ch. Perrin, l'illustre professeur de Louvain, notre collègue expose nettement les réformes indispensables que comporte notre législation économique, réformes dont M. de Mun et Mgr Freppel ne cessent de poursuivre la réalisation.

Dès les premières pages de son *Introduction historique*, M. Hervé-Bazin montre à son lecteur la société romaine périssant par oubli de la loi naturelle du travail.

« Le Christianisme, ajoute-t-il, rap-
« pelait cette grande loi au monde
« comme une condition de salut pour
« le genre humain. Du même coup, par
« sa doctrine sur la vie future et l'éga-
« lité des hommes devant Dieu, il rele-
« vait la dignité des esclaves, rendait
« la femme à sa mission sociale et don-
« nait aux hommes, avec l'espérance,
« l'énergie et l'amour..... Le travail,
« la justice et la charité furent les
« grands instruments de la rénovation
« sociale qui ouvrit au monde les voies
« de la civilisation chrétienne..... »

Dans le mouvement historique de cette civilisation, il rencontre les *Communes* et aussi les *Confréries* et *Corporations d'artisans* soutenues et organisées par l'Église et la Monarchie ; à la complaisance avec laquelle il étudie ces applications heureuses du droit d'association, on entrevoit le restaurateur zélé des Corporations angevines.

Un petit manuel : « *Notions élémen-*

taires d'Économie Politique.... » pour les élèves des classes de philosophie ; des monographies intéressantes : « *Les Banques populaires fondées par les catholiques depuis 1878* », « *Les trois écoles en économie politique* », « *Le mouvement corporatif en France* », complètent la liste des écrits économiques du professeur de la Faculté catholique d'Angers.

A dater de ce jour, Hervé avait trouvé la voie dans laquelle Dieu l'appelait à marcher et à conduire les autres ; il avait 32 ans.

Ses études lui ont fait reconnaître la cause vraie des grèves et des chômages qui périodiquement trahissent au dehors l'antagonisme ancien déjà du capital et du travail ; c'est à l'amour excessif du lucre né d'un goût immodéré de jouissances, mais c'est aussi à l'individualisme par lequel la Révolution a remplacé l'ancien esprit d'association qu'il attribue l'état permanent de lutte qui rend précaires aujourd'hui la fortune du patron et la subsistance même de l'ouvrier. Il sait aussi que le remède à ces maux est dans la pratique de la justice et de la charité auxquelles l'ancienne société française a dû tant d'années de prospérité et de paix féconde. Son cœur compatissant et bon ne résiste pas à l'appel que lui fait l'œuvre de restauration chrétienne entreprise par les fondateurs des *Cercles catholiques d'ouvriers*. et dès ce moment il est acquis au comité local d'Angers, dont en octobre 1886 il deviendra président.

C'est bien peu de chose, semble-t-il, que d'offrir à des ouvriers un modeste local approprié au jeu, à la lecture et à la conversation ; cela peut tout au plus les détourner du cabaret, des mauvaises fréquentations et des lectures dangereuses. Mais à côté du Cercle il y a une chapelle ; peu à peu l'ouvrier réapprend ou développe l'habitude de la sanctification du dimanche ; il entend les conseils de l'aumônier prêchant le respect de la loi de Dieu et des commandements de l'Église Dans les salles de jeu et de lecture il rencontre des hommes de tout rang, des riches, patrons ou hommes d'étude qui l'entretiennent familièrement de ses besoins et de ses intérêts; eux comme lui retrouvent le sens du mot fraternité faussé par la langue révolutionnaire. Quelque conférence attrayante amènera de nouvelles recrues au Cercle, dont il faut bientôt fonder une colonie appelée au même succès. Dans ces conférences on ne fait pas de politique; mais l'histoire d'une institution, l'étude de certains grands faits sociaux, la vie de quelque saint suffisent à dissiper bien des préjugés, et à montrer la fausseté des accusations portées contre l'Église.

Le terrain est admirablement préparé: vienne la loi sur les syndicats professionnels, et dès l'année 1886 apparaissent à Angers trois syndicats, jardiniers, menuisiers, ouvriers des industries textiles. Ils sont constitués suivant les prescriptions de la loi du 21 mars 1884; mais un lien religieux, créé tout d'abord dans la Confrérie de Notre-Dame-de-l'Usine, donne à ces associations leur vrai caractère. Le peuple ne s'y trompe pas, et c'est sous le nom de corporations qu'il les salue lorsqu'au grand jour de la Fête-Dieu, il voit flotter au vent leurs drapeaux, suivis des brancards sur lesquels on porte fièrement la statue du saint Patron. D'autres corps de métiers ont suivi l'impulsion et aujourd'hui les tailleurs, les cordonniers, les métallurgistes, les épiciers ont leur syndicat corporatif.

C'est aux soins du R. P. Girre et de Hervé que ces œuvres si utiles sont dues. Simple membre du Comité, notre collègue était souvent appelé dans les cercles comme conférencier. Par l'autorité de sa parole, la franchise de ses déclarations, la clarté de ses exposés, il avait gagné la confiance de ses auditeurs. Mais l'amour sera toujours le vrai maître du monde : dans ses conversations familières, dans sa constante préoccupation d'organiser pour eux des institutions de prévoyance et de secours, dans ses toasts émus, jusque dans son franc regard et son aimable sourire, les ouvriers avaient deviné un grand cœur, et ils étaient prêts à suivre leur ami dans la voie qu'il disait être celle de l'honneur et de la prospérité.

L'ardent prosélytisme de notre ami ne pouvait se renfermer dans les confins de l'Anjou et, à partir de 1880, il prend la part la plus active à la campagne de conférences organisées, dans la France entière, par les Comités catholiques et royalistes. Après Segré, Baugé, La Flèche, les plus grandes villes le réclamèrent : Lille, Rouen, Le Havre, Le Mans, Nantes, Bordeaux, applaudirent une parole dont la chaleur faisait passer la conviction dans l'esprit de ses auditeurs. Un organe doux et puissant, l'autorité dans la voix et le geste, une franchise et une sincérité qui défient le soupçon, le mettent au premier rang parmi les orateurs populaires de ces dernières années. Il ne s'arrête pas du reste à dénoncer et à flétrir des injustices et des crimes, dont son auditoire a gardé le triste souvenir et ressent vivement la honte ; ce qu'il veut, on le sent, c'est en faire bien reconnaître les véritables causes, c'est signaler les erreurs doctrinales dont la persécution s'inspire, c'est enfin répandre la connaissance des principes sociaux et politiques dont il faut attendre le relèvement de notre pays.

J'ai dit les principes politiques, car Hervé n'est plus seulement l'orateur de l'Œuvre des Cercles catholiques d'ouvriers, il est devenu un propagateur autorisé, un vulgarisateur du programme de gouvernement tracé par Mgr le comte de Chambord. Un peuple ruiné par des impots excessifs, molesté chaque jour dans ses sentiments les plus chers, obligé de défendre pied a pied la foi et le culte de ses pères, peut quelque jour briser par un effort vigoureux et spontané le joug des sectaires. Mais de bonnes lois sont indispensables pour lui garantir sa liberté reconquise ; et les fruits de la victoire seront bientôt perdus si un pouvoir chrétien ne dirige pas l'œuvre de la reconstitution.

Notre ami le comprenait, et c'est

pour cela qu'il faisait marcher de pair la réorganisation sociale élaborée dans les Cercles catholiques, et la restauration de la monarchie chrétienne et française. En 1882, il publie les *Mémoires et Récits de François Chéron*, et voici comment il termine la préface de ce livre :

« ... Ce qui m'a frappé par dessus « tout, et ce qui attirera sans doute l'at- « tention du lecteur, c'est le parallèle « qu'on peut établir, grâce aux récits de « François Chéron, entre l'état de la « société française avant et après la Ré- « volution. Chacun de nous peut ap- « porter sur ce point son complément « de renseignements personnels. C'est « là qu'est la conclusion de ce livre, et « c'est la principale raison qui m'a dé- « terminé à la publier. »

« Si les *Mémoires et Récits* pouvaient « dissiper un seul des préjugés entassés « par les révolutionnaires contre la mo- « narchie chrétienne et française et « contre son auguste représentant, je « serais assez payé de ma peine :

« ce serait un pas de fait vers le salut. »

Parmi ses fidèles, le Prince, qui ne voulait pas être le roi légitime de la Révolution, avait distingué notre collègue, et il eut l'honneur de collaborer à la rédaction des ordonnances qui auraient pu tirer notre pays de l'ornière révolutionnaire et lui rendre l'organisation chrétienne, viciée par les légistes et la Réforme, détruite par les auteurs de la célèbre *Déclaration des Droits*. En octobre 1886, il présenta au Congrès des jurisconsultes catholiques, qui se tenait à Lille, un rapport des plus remarquables sur la *Décentralisation Provinciale*, rapport accompagné d'un projet de loi sur l'organisation des assemblées provinciales et d'une carte donnant la répartition de nos départements actuels en 24 groupes provinciaux. Ce rapport, soumis autrefois au royal exilé, avait reçu son approbation, et, il y a quelques jours à peine, à la Chambre, un député de la gauche, d'accord, cette fois, avec notre illustre évêque, réclamait, en évitant de prononcer le nom de province, une division plus rationnelle de la France.

Dès 1882, Hervé, dans une brochure qu'il serait utile de répandre aujourd'hui encore, avait tracé à grands traits le tableau de « *la Monarchie suivant « le programme du Roi* ». Il l'empruntait aux lettres ou aux manifestes du Comte de Chambord. C'est bien, en effet, le programme « d'une Monar- « chie chrétienne et française, grande « et large, qui puisse résister aux « orages, abritant l'Église, assurant « l'ordre et protégeant les libertés. » Il terminait par ces lignes émues :

« On me disait, il y a quelques jours : « Hélas ! il est trop beau pour notre « boue. » C'est un propos de désespéré. « Dieu a fait les nations guérissables, « et c'est à nous de changer cette boue « sociale en eau limpide. »

« Si tous ceux qui se lamentent tra- « vaillaient avec nous, ce résultat se- « rait bientôt atteint ; car, au fond, la « France est bonne, et elle n'aura pas

« assez de fleurs au jour où le Roi « viendra mettre à exécution le pro« gramme de la Monarchie. »

Un au plus tard, le Comte de Chambord était enlevé à la France : Hervé se ressouvint sans doute de ces lignes, lorsqu'il accepta la tâche de continuer dans l'*Anjou* la défense du programme chrétien de la Monarchie traditionnelle. Ses articles appréciés des meilleurs juges furent souvent reproduits par la presse de province et de Paris, on en discuta les conclusions, mais toujours les adversaires rendirent hommage à la modération du langage et à la courtoisie de leur auteur.

Hervé était assurément bien préparé à l'exercice des fonctions publiques ; il accepta cette charge dans laquelle il lui semblait possible de faire encore quelque bien. En 1881 il fut élu conseiller municipal, et ses électeurs, jugeant qu'il avait consciencieusement et utilement rempli son mandat, le lui renouvelèrent en 1886 et en mai 1888. Quelques-uns ont pensé qu'il aurait pu rendre d'utiles services dans le milieu plus agité où se discutent les plus grands intérêts du pays. Sa candidature parut sans doute à certains trop accentuée, elle ne fut pas posée.

Au milieu de ces occupations multiples et variées qui remplissaient sa vie, Hervé trouvait encore le temps d'écrire des livres qui, après lui, continueront son apostolat. Dans *Les Grandes Journées de la Chrétienté*, il a retracé pour les chrétiens d'aujourd'hui les luttes de leurs pères défendant contre les barbares la civilisation occidentale; il y a mis en lumière la haute mission de la Papauté, tutrice et gardienne de la paix et de l'honneur des nations; il a fait ressortir la nécessité de reconstituer, si l'on veut enfin la paix au dedans et au dehors, la *Chrétienté*, qu'il définit « la famille des Peuples chrétiens réu-« nie autour de son chef et de son père « le Souverain-Pontife...., *corporation* « magnifique ayant pour bases l'unité « de foi, l'unité de direction, l'unité « d'intérêts généraux. »

Les Grandes Journées de la Chrétienté ont paru en 1887 et, cette même année, le 14 mars, une première attaque du mal qui devait emporter Hervé donnait à ses amis les plus cruelles inquiétudes. Grâce aux soins affectueux des siens, il se remet et les prescriptions médicales auxquelles il se soumet dans une certaine mesure semblent devoir le conserver à sa famille ; mais il ne peut renoncer à ses œuvres si chères. Et s'il songe à se démettre des fonctions de conseiller municipal, s'il abandonne la rédaction de l'*Anjou* : c'est pour accepter, dans l'Œuvre des Cercles catholiques d'ouvriers, la lourde charge de secrétaire de la zone de l'Ouest. Il écrit encore, et nous retrouverons ses dernières pensées dans deux livres posthumes : « *Les Grands Ordres et Congregations de Femmes* » et « *Le Jeune Homme chrétien* » dont, il y a un mois, il était si heureux de nous montrer les épreuves.

Le jeune homme chrétien, ce mot rappelle à tous et cette ravissante conférence, le chant du cygne, faite le 5 octobre dernier, au Havre, devant les membres de la Société des Anciens Élèves des Frères, et cette Œuvre si chère à son cœur, la Conférence Saint-Louis. Vous savez comment il comprenait la mission de professeur des Facultés catholiques ; il aimait trop les âmes, l'Église et son pays, pour ne pas donner à ses étudiants autre chose que l'éducation scolaire. Dès 1885, il avait ébauché l'Œuvre, en réunissant chez lui quelques étudiants qu'il exerçait à traiter des questions économiques et sociales. La forme définitive devait lui être donnée en décembre 1886, par le lien d'une consécration en commun au Sacré-Cœur.

C'est une Confrérie ajoutée aux autres, son drapeau porte l'image de saint Louis, *le bon sergent de Dieu.* « Fondée sur la triple base de la piété, de l'étude et de l'action, elle a pour but d'accroître chez ses membres l'amour de l'Église, la vertu, la science et le dévouement chrétien pour le bien de la patrie. » Une association de ce genre est le complément naturel d'une Faculté catholique. Quelle joie pour notre collègue, à peine convalescent, de voir sa chère Université choisie comme siège de la première assemblée de l'*Association catholique de la jeunesse française*, et d'entendre, dans cette salle où nous sommes, notre éminent chancelier lui tracer un programme d'action.

La vie de votre dévoué directeur était pleine d'œuvres ; Dieu ne pouvait, semble-t-il, le rappeler à lui dans des circonstances plus saisissantes pour vous, et plus propres à graver profondément dans vos cœurs ses paternels conseils. C'est devant des jeunes gens qu'il a, pour la dernière fois, parlé dans une réunion publique ; c'est en vous quittant, pour ainsi dire, que, le 7 janvier, il est tombé au milieu des siens pour ne plus se relever ; et le dernier livre sorti de sa plume, livre qui ne paraîtra qu'après sa mort, c'est pour la jeunesse française qu'il l'a écrit. Lorsque vous voudrez, Messieurs, évoquer l'idéal du *jeune homme chrétien*, vous exciter à la pratique des vertus que votre fondateur voulait trouver en vous et dont il vous a donné l'exemple, vous relirez sa conférence du Havre, ou son dernier ouvrage. Et si vous êtes tentés parfois de désespérer, parce que le secours de Dieu paraît se faire attendre, vous vous fortifierez par le souvenir de ces dernières paroles : « Jeunes gens, « au XXe siècle, vous verrez vos efforts « couronnés de succès, la paix rendue « à l'Église, l'ordre et l'honneur à notre « pays, les corporations ouvrières dont « on vient de si bien parler, en pleine « prospérité. Nous, mon père, disait-il « à votre aumônier, nous ne serons « plus là sans doute, mais dans la « tombe nos ossements tressailleront « d'allégresse. »

Vous demandez le secret de cette foi, la cause de ce zèle dévorant, qui, dans ces dernières années surtout, ne savait plus se contenir ; moins encore que vous, la foule comprend qu'il se dévouât ainsi jusqu'à la prodigalité de ses forces, à la défense du bien et du vrai, les seules passions qu'il ait jamais connues. Lisez quelque jour la constitution : « *Misericors Dei filius* » par laquelle N. S. P. Léon XIII a donné une nouvelle règle au tiers-ordre séculier de Saint-François. Votre maître l'avait méditée, il avait reconnu par le témoignage des siècles, et l'histoire des hommes les plus illustres du moyen âge, combien cette règle avait été efficace à cette époque ; quelle grandeur elle avait donnée aux hommes et aux sociétés. Attentif à toute parole du Pape, empressé à se rendre non seulement à ses ordres mais à ses conseils, il était entré dans le tiers-ordre en 1883 ; et vous l'avez vu sur son lit de mort, revêtu de la bure et ceint de la corde franciscaine. On n'est un vrai fils du Patriarche d'Assise qu'à la condition d'aimer Dieu jusqu'au complet sacrifice de soi-même, et de se donner sans mesure au salut des autres.

« Élever incessamment son âme à « Dieu, faire quelque bien quand on en « a les moyens ; à défaut de fortune

« laisser à ses enfants, avec de bons « exemples, quelques titres à la consi- « dération : voilà ce qui peut aider à « supporter encore le reste d'une exis- « tence trop féconde en troubles et en « amertume. » Hervé a pieusement consigné ces lignes écrites par François Chéron quelques jours avant sa mort, et il ajoute : « Chéron ne pouvait mieux « résumer sa vie. » La sienne a été plus courte, et ces paroles s'y peuvent appliquer mieux encore.

Notre ami a conquis l'estime des meilleurs hommes de ce temps ; il a été honoré de la confiance du plus noble des princes, il emporte les regrets de son illustre évêque. En mars 1884, Léon XIII avait récompensé son dévouement à toutes les œuvres, en le nommant commandeur de son Ordre de Saint-Grégoire le Grand, et il y a quelques mois à peine le Vicaire de Jésus-Christ acceptait l'hommage des *Grandes journées de la chrétienté* et faisait féliciter l'auteur de ce livre « dédié à la Papauté, « âme, base et centre de la chrétienté,

« et spécialement à S. S. Léon XIII,
« successeur de Pierre actuellement et
« glorieusement régnant. »

Comme il était heureux de cette lettre! ne lui disait-elle pas que le Pape était content de son fils? Et à ce moment même Dieu comptait et pesait les œuvres de son serviteur, il trouvait sa vie bien remplie, et il préparait sa récompense. Le héraut et le défenseur du règne social de Jésus-Christ ne s'est pas présenté à Lui les mains vides, au lendemain du jour, où il y a dix-huit siècles, l'or des mages proclama la royauté de l'Enfant de Bethléem.

Angers, imp. Germain et G. Grassin. — 179-89.

www.ingramcontent.com/pod-product-compliance
Ingram Content Group UK Ltd.
Pitfield, Milton Keynes, MK11 3LW, UK
UKHW021038180726
13838UKWH00004B/1881

9 782329 459486